Liebe Schülerin, lieber Schüler!

Dies ist ein Lesetagebuch zu dem Buch „Vorstadtkrokodile"
von Max von der Grün.
Genauer gesagt: Dies soll dein Lesetagebuch werden, das
du ganz selbständig schreibst und gestaltest.

Du findest hier viele Vorschläge, wie du mit
dem Inhalt und den Personen des Buches,
mit deinen Eindrücken beim Lesen, mit
deinen Fragen, Gedanken und Gefühlen
umgehen kannst.

Einige Aufgaben kannst du vor dem
Lesen des Buches bearbeiten (S. 2–7),
andere erst nach dem Lesen (S. 28–31). Die
meisten Aufgaben beziehen sich auf die einzelnen Kapitel des Buches. Sie sollen dich während des
Lesens zum Schreiben, Malen, Raten und Weiterdenken
anregen (S. 8–27).

Notiere immer oben auf den Seiten, wann du an der
Aufgabe gearbeitet hast. Kreuze auf der letzten Seite
(Inhaltsübersicht) die Aufgaben an, die du bearbeitet hast.
Dann kannst du dich schneller orientieren, wenn ihr ein-
zelne Aufgaben gemeinsam mit der Klasse besprecht.

Du hast bestimmt noch weitere Ideen zu den gelesenen
Kapiteln. Schreibe sie auf DIN-A5-Blätter und sammle sie
ganz hinten im Lesetagebuch (Büroklammer).

Der Umschlag deines Lesetagebuchs (Vorder- und Rückseite) ist frei für die Gestaltung nach deinen eigenen
Vorstellungen.

Alles klar? – Dann viel Spaß beim Lesen und Lese-
tagebuch-Schreiben!

D1619968

Titelbild, Vorwort ...

Schau dir das Titelbild und die ersten sechs Seiten genau an.

Titel: _____

Verfasser: _____

Untertitel: _____

Personen: _____

_____

Verlag: _____

Erscheinungsjahr: _____

Widmung: _____

_____

Im Vorwort erfährst du, warum der Autor das Buch geschrieben hat:

_____

_____

Verkaufszahlen: _____

Vermute, warum das Buch so oft verkauft worden ist. _____

_____

_____

Kindheit damals und heute

Der Autor hat das Buch im Jahr 1976 geschrieben.

Das war vor _____ Jahren.
Was heute für viele Kinder selbstverständlich ist, gab es damals
noch selten oder überhaupt nicht.
Ergänze die abgebildeten Gegenstände.

Schreibe auf, wo du und deine Klassenkameraden den größten Teil ihrer Freizeit
verbringen.

_____

_____

_____

Erkundige dich bei deinen Eltern, Nachbarn oder Bekannten, wie sie um das Jahr
1976 als Kinder ihre Freizeit hauptsächlich verbracht haben.

_____

_____

_____

Hier spielt die Geschichte

(Foto: Manfred Ehrich, Düsseldorf)

Die Gegend, in der das Buch spielt, ist eine Vorstadt-siedlung im Ruhrgebiet. Anhand der Fotos kannst du dir besser vorstellen, in was für einer Gegend die „Vorstadtkrokodile" leben. Beschreibe sie:

(Foto: Kommunalverband Ruhrgebiet, Essen)

_____

_____

_____

_____

_____

Der Titel

Was verbindest du mit dem Titel „Vorstadtkrokodile"? – *Abenteuer, Verbrecher ...*

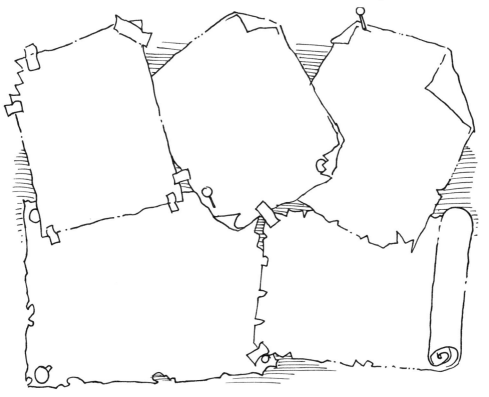

Heute gibt es viele unterschiedliche Begriffe für den Zusammenschluss von Menschen. Du findest sie heraus, wenn du für die Zahlen die Buchstaben des Abc einsetzt:

3	12	9	17	21	5	*C L*
7	18	21	16	16	5	
3	12	1	14			
2	1	14	4	5		
7	1	14	7			
3	12	21	2			

Die Krokodilerbande

Nun hast du einige ähnliche Begriffe für „Bande" herausgefunden (S. 5).
Allen Gruppen ist gemeinsam, dass sie ähnliche Interessen und Ziele verfolgen.
Ein Begriff beschreibt eine Gruppe, die sich kriminell und gewalttätig verhält:

_____

(Schau im Zweifelsfall in einem Lexikon nach.)

Vermute, ob die Kinder in dem Buch eine Gang oder eine Clique bilden?
Ich vermute: ⭕ Sie sind eine Gang.
                        ⭕ Sie sind eine Clique.

Was könnte der Inhalt des Buchs sein? Einiges erfährst du auf der Rückseite des
Buchumschlags:

Freundschaft

6

Meine „Bande"

Stell dir vor, du gründest eine „Bande", eine Clique oder einen Club.
Wen würdest du aufnehmen?

_____

_____

_____

Erfinde Namen für deine „Bande", deine Clique oder deinen Club.

_____

_____

Ähnlich wie die Krokodilerbande haben Gruppen oder Clubs ein Erkennungszeichen.
Heute sagt man „Logo" dazu. Entwirf unterschiedliche Logos.

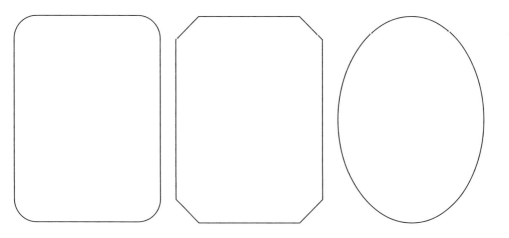

Die Mutprobe

Beschreibe die Mutprobe, die Hannes ablegen muss.

_____

_____

_____

Erkläre, warum er sich der Mutprobe stellt. (Schau auf Seite 17 nach.)

_____

_____

Das rufen die anderem ihm zu:	So reagiert Hannes:
„Traust dich nicht!"	_Er hat Angst._

Kennst du ähnliche Mutproben? _____

_____

_____

 Du kannst auch ein Bild der Mutprobe zeichnen!

8

Gedanken über Mut und Feigheit

Ob „mutig" wohl das passende Wort für die Aktion ist?
Versuche andere Wörter für diese Aktion zu finden. Acht Begriffe sind im folgenden Kasten versteckt. Schreibe sie heraus. Achtung: Zwei Begriffe passen nicht.

a	f	u	k	u	p	o	t	h	n	r	e	u
s	w	d	g	n	t	t	h	n	m	l	u	n
w	e	u	k	v	l	p	l	a	r	e	d	ü
t	z	o	q	e	e	x	y	d	f	h	k	b
o	u	d	r	r	e	v	n	u	w	s	y	e
a	g	e	f	a	e	h	r	l	i	c	h	r
a	e	w	e	n	d	b	n	u	j	k	o	l
p	i	t	d	t	e	o	p	v	x	r	t	e
a	l	r	e	w	a	g	h	a	l	s	i	g
u	w	z	u	o	g	e	f	g	r	e	s	t
w	e	o	k	r	b	w	n	m	s	a	w	e
w	r	z	h	t	f	a	e	i	p	l	t	r
c	b	f	s	l	y	g	a	e	r	z	u	l
o	k	u	t	i	e	t	u	o	d	s	k	l
o	p	q	a	c	e	t	z	m	n	b	c	s
l	e	i	c	h	t	s	i	n	n	i	g	a

_____
_____
_____
_____
_____
_____
_____
_____

Mut ist, für einen Menschen einzustehen.

Feigheit ist, nicht _____

Mut ist, Fehler zuzugeben.

Feigheit ist, _____

Mut ist, _____

Feigheit ist, _____

Jungen weinen nicht?

Hannes schrie noch, als er längst wieder auf seinen
eigenen Beinen stand. Dann weinte er. Hannes weint ...

- O vor Erleichterung
- O aus Angst
- O vor Glück
- O vor Verzweiflung
- O vor Wut
- O vor Schreck
- O aus Stolz
- O vor Rührung
- O aus Trauer
- O aus Hilflosigkeit
- O aus Dankbarkeit

Was meinst du?	ja	nein
Jungen, die weinen, sind Memmen.	O	O
Jungen, die weinen, lache ich aus.	O	O
Jungen haben das Recht ihre Gefühle zu zeigen.	O	O
Jungen, die weinen, benehmen sich wie Mädchen.	O	O
Jungen müssen sich schämen, wenn sie weinen.	O	O
Jungen müssen cool sein.	O	O
Jungen weinen höchstens aus Wut.	O	O

Schreibe eine Situation auf, in der du schon mal geweint hast:

_____

_____

Stell dir vor, Hannes wäre ein Klassenkamerad von dir und würde dir von seinem
Erlebnis berichten. Was würdest du ihm antworten?
Hannes, das hätte ich ...

Nachdenken über Strafen

Notiere, welche Strafen Hannes' Vater verhängt:

_____

_____

Unterstreiche die Strafe, die dich am meisten treffen würde, rot.
Schreibe in die Denkblasen, wie Hannes auf die einzelnen Strafen reagieren könnte.

Ergänze die Sätze und überlege, was deiner Meinung nach zutrifft:

Hannes wird zu Recht bestraft, weil _____

_____

Hannes ist schon genug bestraft, weil _____

_____

Lege eine Liste an und schreibe auf: _Verbotenes Verhalten – erfolgte Strafen._

Hannes' Freunde

Ordne die passenden Namen zu und male Hannes' Freunde.

hat lange blonde Haare, kaut an den Fingernägeln	*ist dreizehn Jahre alt*	*besitzt ein französisches Fahrrad*	*kann gut klettern*
macht Handstand auf dem Fahrrad	*ist 14 Jahre alt und der Chef*	*ist schwarzhaarig und bohrt in der Nase*	*ist rothaarig und ein lieber Junge*

Auf den ersten Blick mag ich von Hannes' Freunden besonders:

_____

Diese Freunde sind mir unsympathisch:

_____

Ein Freund ist …

Bei der Mutprobe verhalten sich die Freunde nicht wie Freunde. Trotzdem hält Hannes zu ihnen. Versuche Hannes' Verhalten zu verstehen.

Er hält zu ihnen, weil _____

_____

Wie hättest du an Hannes Stelle gehandelt? _____

_____

Beschreibe, worauf sich die Freundschaft der Bandenmitglieder hauptsächlich beschränkt (S.16, S.23, S. …)

_____

_____

Was ist Freundschaft?

zusammenhalten, verzeihen, Meinung sagen, Kritik üben, trösten, helfen, zuverlässig sein, Mut haben, Fehler eingestehen, Bewunderung, Anerkennung, Achtung, sich verlassen können

Freundschaft ist, wenn zwei sich gern haben.
Freundschaft ist, wenn zwei sich Fehler eingestehen können.

Freundschaft ist, _____

_____

Hannes findet einen neuen Freund

Schau auf Seite 26 und den folgenden Seiten nach und entwirf einen Steckbrief von Kurt. Ergänze den Steckbrief während des Lesens.

Vorname, Nachname:	
Straße:	
Alter:	
Eltern:	
Beruf des Vaters:	
Beruf der Mutter:	
Hobbys:	
seine Stärken:	
seine Schwächen:	
Besonderheiten:	
Sein größter Wunsch:	

Beschreibe Kurt und seinen Alltag auf einem Extrablatt.

Kurt, ein neues Bandenmitglied?

Hannes stellt den Antrag, dass Kurt in die Bande aufgenommen werden soll.
Die Bande diskutiert über die Aufnahme.

Argumente, die ich in Ordnung finde:	*Argumente, die ich nicht in Ordnung finde:*

Stell dir vor, du wärst ein Mitglied der Krokodilerbande. Wie hättest du dich
entschieden? Versuche deine Entscheidung zu begründen.

Die Krokodilerbande lehnt Kurts Aufnahme ab. Fast hätte Hannes geheult vor Wut.
Schreibe Hannes' Gedanken und Gefühle auf.

Finde Erklärungen, warum Hannes trotz seiner Wut zur Bande hält.

Schreibe aus der Sicht eines Krokodilers einen Tagebucheintrag über den ersten Tag
mit Kurt (Extrablatt).

Endlich passiert etwas!

Eine ungeklärte Einbruchserie wird zum Hauptgesprächsthema in der Siedlung.
Entwirf einen Zeitungsbericht über die Einbrüche. Vielleicht fällt dir auch eine passende Schlagzeile ein, z. B.: *DIE BANDE HAT WIEDER ZUGESCHLAGEN.*

Da die Einwohner keinen Anhaltspunkt über die Einbrecher haben, fällt ihr Verdacht
auf die ausländischen Mitbürger. Schreibe die entsprechende Stelle aus dem Text
(S. 42) heraus:

Vorurteile

_____: An diesem heute nicht
mehr gebräuchlichen Begriff für Ausländer erkennst du, dass das Buch vor mehr als
25 Jahren geschrieben worden ist. So wurden Menschen aus anderen Ländern
genannt, die in Deutschland arbeiteten bzw. Arbeit verrichteten, die kein Deutscher
ausführen wollte.

In der Wörterschlange findest du einige Begriffe, wie Gäste normalerweise
behandelt werden. Kreise sie ein:

herablassendzuvorkommendunhöflichnettlaunischgeizigfreundlichmisstrauisch-
rücksichtsvollschlechtängstlichargwöhnisch

Jetzt schau im Buch nach und notiere die Aussagen, die die Menschen über die
Ausländer machen (S. 43, S. 44, S. 45 ...). Vielleicht kannst du die Aussagen noch
ergänzen!

Finde Erklärungen für diese Vorurteile oder Fremdenfeindlichkeit.

_____

_____

Das Versprechen

„Hannes hätte in diesem Moment alles versprochen, Hauptsache, er erfuhr, wer die Einbrecher waren ..." (S. 48). Aus der Sicht von Erwachsenen erpresst Kurt Hannes – und Hannes lässt sich erpressen. Beide verfolgen unterschiedliche Ziele.

Kurt will _____

Hannes will _____

Ich kann Kurts Verhalten verstehen, weil _____

_____

Ich kann Hannes' Verhalten verstehen, weil _____

_____

Warum bringt Hannes es nicht fertig, Kurt die Gründe über die Ablehnung seiner Aufnahme in die Krokodilerbande zu berichten?

_____

_____

Bestimmt hast du ähnliche Situationen zu Hause oder in der Schule selbst schon einmal erlebt. Ergänze den Text auf einem Extrablatt:
Wenn du ...
darfst du ...
Wenn du ...
bin ich ...
Wenn du ...
bekommst du ...
Wenn du ...
verrate ich dir ...

Kurts Beobachtungen

Hannes hatte Namen und Adressen der Einbrecher erwartet. Doch Kurt konnte ihm nur einige Beobachtungen mitteilen.
Stell dir vor, Kurt hätte seine Beobachtungen der Polizei mitgeteilt: Was hätte sich der Polizist notieren können?

_____

_____

_____

Zeichne die Besonderheiten an das Moped, das Kurt bei einem der Diebe beobachtet hat.

Wie reagieren Hannes' Freunde auf seine Neuigkeit?

_____

_____

_____

Die Belohnung

Was wir mit dem Geld alles machen könnten ...
Schreibe auf, wovon die Krokodiler träumen:

_____

_____

_____

Maria macht einen ganz konkreten Vorschlag:

_____

Was meinst du zu diesem Vorschlag?

_____

_____

Was hättest du dir gewünscht, wenn du ein Mitglied der Krokodilerbande wärst?

_____

Du erfährst in diesem Kapitel etwas über den Wert des Geldes. Vergleiche früher und heute:

_____

_____

Der neue Treffpunkt

Die Hütte der Krokodiler im Wald ist zerstört. Nach einigen
Überlegungen findet die Bande in der alten Ziegelei einen neuen
Versammlungsort. Ergänze die Zeichnung.

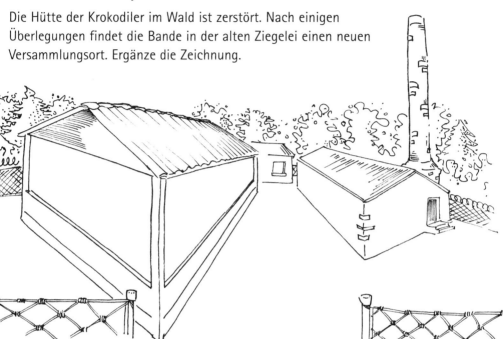

Was fasziniert die Krokodiler daran, sich an diesem Ort zu treffen?

_____

Schreibe auf, wo du dich meistens mit deinen Freunden triffst?

_____

Vergleiche deine Treffpunkte mit den Treffpunkten der Krokodilerbande: *geheimnis-
voll, altmodisch, öffentlich, geheim, gefährlich, verboten, langweilig, erlaubt ...*
Stelle die Treffpunkte in einer Tabelle gegenüber (Extrablatt): heutige Treffpunkte –
Treffpunkte der Bande.

Kurt wird in die Bande aufgenommen

Vermute, warum Olaf auf einmal seine Meinung ändert und Hannes erlaubt, Kurt zu einem Treffen mitzubringen?

_____

_____

Auf dem Weg zur Ziegelei gibt es doch eine Reihe von Problemen mit Kurt und seinem Rollstuhl:

_____

_____

_____

_____

Wie wirkt die Szene auf dich, als Kurt plötzlich mal muss?
peinlich, lustig, komisch, selbstverständlich, cool ...

_____

Maria beschämt die „starken" Jungen, weil sie ...

_____

Wie hättest du in dieser Situation gehandelt? Versuche ehrlich zu antworten.

_____

_____

22

Die Entdeckung

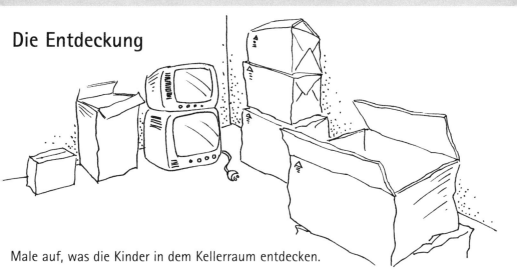

Male auf, was die Kinder in dem Kellerraum entdecken.

Welche Überlegungen stellen die Kinder an?

Wie hättest du dich entschieden?

_____

_____

Der Gewissenskonflikt

Kurt vermutet, dass Egon, der Bruder von Franz, zu der Einbrecherbande gehört.
Was könnte Kurt tun?

Kurt könnte _____

Kurt könnte _____

Was meinst du?

○ Kurt ist feige.

○ Kurt handelt kameradschaftlich.

○ Kurt handelt richtig.

○ Kurt hätte zur Polizei gehen müssen.

○ Kurt hat Angst seine Freunde zu
   verlieren.

○ Kurt möchte Frank nicht wehtun.

○ Kurt mag Egon.

○ Kurt will nicht, dass das, was er weiß,
   die Wahrheit ist.

○ Kurt ist konfliktscheu.

○ Kurt handelt überlegt

Kurt vertraut sich seiner Mutter an. Schreibe weiter:

Ich muss dir unbedingt etwas erzählen ...

_____

_____

_____

Welchen Rat gibt die Mutter Kurt?

_____

Welchen Rat hättest du Kurt gegeben?

_____

Auf dem Minigolfplatz

Stell dir vor, ein Zeitungsreporter hätte die Szene auf dem Minigolfplatz
beobachtet. Was könnte am nächsten Tag in der Zeitung stehen?

_____

_____

_____

_____

Diese Tafel hängen
die Krokodiler am Zaun
der Minigolfanlage auf:

Wie reagiert der Besitzer,
als er das Schild sieht ?
(S. 114)

_____

_____

Stell dir vor, der Besitzer
sieht sein Fehlverhalten ein,
nimmt das Schild ab und
hängt ein neues Schild auf.
Entwirf den Text!

Und was machen wir jetzt?

Alle Bandenmitglieder – auch Frank - wissen nun, wer die Einbrecher sind. Aber sie wissen nicht, was sie machen sollen. Plötzlich erscheint in der Zeitung ein Artikel, dass die italienischen Kinder die Diebe sind. Es kommt zur Abstimmung:

Gründe, die Diebe anzuzeigen	Gründe, die Diebe nicht anzuzeigen

Obwohl Kurt am meisten
Grund hat, Egon und
seine Mitstreiter anzuzeigen,
hat er eine Idee:

Was meinst du ?

- ◯ Kurts Idee finde ich prima.
- ◯ Kurts Idee ist ein fauler Kompromiss.
- ◯ Die Diebe müssen bestraft werden.
- ◯ So wie Kurt würde heute keiner mehr handeln.
- ◯ Kurt handelt nicht richtig – aber wie ein guter Freund.
- ◯ Das Verhalten von Kurt ist nicht realistisch.

Datum:

Das Aufeinandertreffen

Egon und Kurt treffen am Minigolfplatz aufeinander:

Nenne die Gründe, warum die Krokodilerbande jetzt doch die Namen der Diebe bekannt gibt.

_____

_____

Wie reagiert Frank auf diesen scheinbaren Verrat?

_____

_____

Was meinst du, wie die Bandenmitglieder auf den Vorschlag von Frank reagieren, die Belohnung nicht zu teilen, sondern davon ein Fahrrad für Kurt zu kaufen?

_____

Entscheide ...

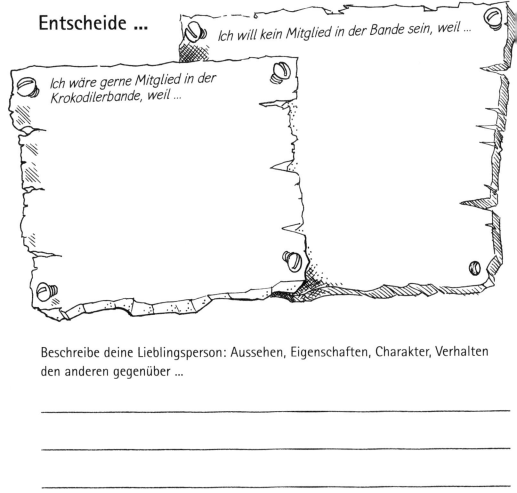

Ich will kein Mitglied in der Bande sein, weil ...

Ich wäre gerne Mitglied in der Krokodilerbande, weil ...

Beschreibe deine Lieblingsperson: Aussehen, Eigenschaften, Charakter, Verhalten den anderen gegenüber ...

_____

_____

_____

_____

_____

_____

_____

Freunde für mich?

Ich hätte Hannes gerne/nicht gerne zum Freund, weil ...

_____

_____

Ich hätte Olaf gerne/nicht gerne zum Freund, weil ...

_____

_____

Ich hätte Maria gerne/nicht gerne zur Freundin, weil ...

_____

_____

Ich hätte Kurt gerne/nicht gerne zum Freund, weil ...

_____

_____

Nachdenken über Vorurteile

Das Buch ist ein Buch gegen Vorurteile:

Ein Vorurteil ist, wenn man andere Menschen verachtet,
weil sie anders sind.
Ein Vorurteil ist, wenn ich andere Menschen hänsele,
weil sie anders aussehen als ich.
Ein Vorurteil ist, wenn wir andere als minderwertig ansehen,
weil sie nicht das können, was wir können.

Ein Vorurteil ist, wenn _____

_____

Ein Vorurteil ist, wenn _____

_____

Ein Vorurteil ist, wenn _____

_____

Das hilft gegen Vorurteile: *eigene Fehler zugeben können*   *Erst denken, dann handeln!*   *Anderssein akzeptieren!*

Meine Meinung zum Buch

Unterstreiche deine Meinung und begründe sie anschließend:

Ich hätte das Buch auch freiwillig/freiwillig nie gelesen, weil ...

_____

_____

_____

Ich fand das Buch spannend, langweilig, unterhaltsam, lehrreich, altmodisch, weil ...

_____

_____

_____

Diese Szene hat mir besonders gut gefallen/war spannend/fand ich blöd:

_____

_____

_____

Diese Szenen würde ich umschreiben:

_____

_____

_____

Inhaltsübersicht